DÍZIMO
UMA NOVA EXPERIÊNCIA

PE. CLEITON VIANA DA SILVA

DÍZIMO
UMA NOVA EXPERIÊNCIA

Itinerário espiritual

Paulinas

Dados Internacionais de Catalogação na Publicação (CIP)
Angélica Ilacqua CRB-8/7057

Silva, Cleiton Viana da
 Dízimo : uma nova experiência : itinerário espiritual / Pe. Cleiton Viana da Silva. -- São Paulo : Paulinas, 2021.
 56 p.

 ISBN 978-65-5808-064-0

 1. Dízimo 2. Religião I. Título

21-0951 CDD 248.6

Índice para catálogo sistemático:
1. Dízimo 248.6

1ª edição – 2021
2ª reimpressão – 2024

Direção-geral: *Flávia Reginatto*
Editora responsável: *Marina Mendonça*
Copidesque: *Ana Cecilia Mari*
Coordenação de revisão: *Marina Mendonça*
Revisão: *Sandra Sinzato*
Gerente de produção: *Felício Calegaro Neto*
Capa e diagramação: *Tiago Filu*

Nenhuma parte desta obra poderá ser reproduzida ou transmitida por qualquer forma e/ou quaisquer meios (eletrônico ou mecânico, incluindo fotocópia e gravação) ou arquivada em qualquer sistema ou banco de dados sem permissão escrita da Editora. Direitos reservados.

Cadastre-se e receba nossas informações
paulinas.com.br
Telemarketing e SAC: 0800-7010081

Paulinas
Rua Dona Inácia Uchoa, 62
04110-020 – São Paulo – SP (Brasil)
📞 (11) 2125-3500
✉ editora@paulinas.com.br
© Pia Sociedade Filhas de São Paulo – São Paulo, 2021

Honra a Iahweh com a tua riqueza,
com as primícias de tudo o que ganhares;
e os teus celeiros estarão cheios de trigo,
os teus lagares transbordarão de vinho novo.

Provérbios 3,9-10

AGRADECIMENTOS

Agradecimento especial aos casais André Wellington Hein e Gisele Jacque de Andrade Hein, José Cláudio Louzada e Irma Ana Vietze Louzada, pelo apoio e amizade na construção de uma Pastoral do Dízimo verdadeiramente evangelizadora.

Outro agradecimento ainda mais do fundo do coração é dirigido aos amigos de longa data, Ana Maria Silva e Carlos Borsari, por promoverem o dízimo em nossa Diocese de Mogi das Cruzes. Eles sempre insistem que o dízimo deve ser vivido com motivações corretas e concretas. Que este livro possa contribuir em seu trabalho.

SUMÁRIO

O que este livro tem de especial............ 11

Como viver essa experiência 13

Os que estão conosco são mais numerosos......... 17

Dízimo: entre a luta e as promessas de Deus......... 23

Como deve ser o meu dízimo 29

Nossa Senhora, Mãe dos dizimistas......... 35

O dízimo e as bênçãos de Deus 41

O dia do dízimo, um dia especial 49

Terço pelos dizimistas......... 51

O QUE ESTE LIVRO TEM DE ESPECIAL

Você é dizimista e, com responsabilidade e sacrifício, mantém fielmente seu dízimo, mas vez ou outra se pergunta: "Qual a importância do dízimo para minha vida espiritual?".

Muitas vezes, o dízimo é visto apenas como uma *obrigação seca*, quase administrativa. E, por isso, infelizmente, *as pessoas não saboreiam, não experimentam a alegria de ser dizimista*. Elas são treinadas a entender, a saber e a decidir, mas não a ver o *dízimo como uma forma de espiritualidade*, como um modo de viver.

E, assim, se o dízimo não é considerado sob esse aspecto, não entra completamente na vida da pessoa. E, se não se torna uma forma de espiritualidade, dificilmente trará os seus frutos: *experiência de amor e amizade com Deus, testemunho da prosperidade e alegria pela vida em comunidade.*

O essencial de ser dizimista

O objetivo deste livro é ajudar você e sua comunidade a crescerem no entendimento e na prática do dízimo, saboreando uma espiritualidade que os sustentem com alegria, fé e entusiasmo.

Conforme o Documento n. 106 da CNBB, "O dízimo na comunidade de fé: orientações e propostas", devemos viver a prática do dízimo a partir de uma *correta compreensão* (cf. n. 5): "E procuramos unir os elementos da compreensão com um itinerário de espiritualidade do dízimo. Não queremos apenas enriquecer seu cérebro com informações, mas queremos que seu coração arda de alegria por escutar a Palavra do Senhor" (cf. Lc 24).

Uma espiritualidade adequada sempre se apoia em três grandes pilares: escuta da Palavra de Deus, vida de comunidade (ou vida eclesial) e vida sacramental.

COMO VIVER ESSA EXPERIÊNCIA

Este livro não foi pensado de forma a ser lido de uma só vez, em uma tarde chuvosa em que o tédio nos empurra à leitura ou à cama. Ele é considerado como um itinerário que o levará a uma nova experiência, qual seja, a de ver o dízimo como uma forma de espiritualidade. E você deve mergulhar fundo nessa experiência.

Esse itinerário não apenas vai ajudá-lo a ganhar mais conhecimento sobre o dízimo, mas também fará você crescer na experiência do louvor e na entrega a Deus. Duas atitudes que dão vida à Pastoral do Dízimo.

Aviso importante!

Não fazemos aqui ameaças aos que não são dizimistas, nem desejamos aumentar a cobiça naqueles que procuram o dízimo como jeito mágico de enriquecer na vida.

É verdade que negligenciar o dízimo é ignorar o ensinamento das Escrituras, é fechar-se à comunidade e não entender a importância da vida sacramental. Quem não faz a experiência de ser dizimista, não experimenta também o louvor e entrega que dele decorrem.

Também é verdade que o dízimo é caminho de prosperidade, porque ele ensina a colocar todas as coisas no seu devido lugar. O dizimista fiel sabe que Deus merece o primeiro louvor por seu trabalho, por sua saúde, e a ele entrega seu dízimo em primeiro lugar. O dízimo é louvor e entrega àquele que é o primeiro em nossa vida. Isso é essencial.

É muito importante entender que o que procuramos oferecer nesta leitura é a chance de aprofundamento da sua fé, através da melhor compreensão do dízimo e da relação dele com sua vida. Um dizimista consciente e entusiasmado renova sua vida e a do próximo. Por isso, durante a leitura deste livro, propomos dois compromissos importantíssimos:

1) a visita ao Santíssimo Sacramento;

2) o testemunho da experiência aos amigos.

Visita ao Santíssimo Sacramento

Conforme suas condições - seja generoso ao analisá-las! -, busque reservar um tempo, mínimo que seja, para fazer uma visita ao Santíssimo Sacramento, que se encontra no Sacrário, dentro da capela do Santíssimo Sacramento.[1] Faça isso pelo menos uma vez por semana.

---

[1] Se isso é alguma novidade, se talvez nem saiba o que é sacrário ou capela do Santíssimo Sacramento, é um sinal de que este livro é especialmente dirigido a você. Não se envergonhe, pelo contrário, vá com alegria a esse encontro com o Senhor Jesus Cristo: Ele o está chamando!

Procure também ir até a igreja mais próxima da sua casa, do seu trabalho, ou em uma que fique em um lugar em que lhe seja mais conveniente. Apenas faça o propósito de passar alguns minutos com o Senhor. Tente realizar isso quantas vezes puder, mantendo esse hábito, pelo menos, uma vez por semana. A experiência será incrível!

Para a visita ao Santíssimo, sugerimos alguns textos e indicações, mas você poderá enriquecer as possibilidades, conforme for realizando essa prática.

O importante é que as leituras que irá fazer, assim como os assuntos e as questões que possam surgir em seu coração, tudo isso, seja colocado diante de Jesus sacramentado.

Como autor deste livro, posso escolher as palavras que julgo mais interessantes e claras, mas o abrir o coração para o entendimento é somente entre você e o Senhor.

Esta obra pretende modificar sua caminhada de fé na escuta da Palavra, na vida comunitária e sacramental, por isso, somente o Senhor poderá nos dar as coordenadas finais.

A maior riqueza é compartilhar

O segundo compromisso é mais simples, mas também exigente. A experiência nos mostra que só temos êxito naquilo que compartilhamos, que somente somos fiéis àquilo que assumimos como compromisso. Compartilhar o que somos, temos e aprendemos, traz-nos um ganho imenso, porque, quando testemunhamos as maravilhas que Deus faz, renovamos o mundo, as pessoas e criamos uma atmosfera mais positiva que poderá sustentar-nos nos momentos difíceis.

Pensando nisso, ao final de cada capítulo, há uma *tarefa de testemunho*, que nada mais é do que compartilhar com os amigos as coisas boas que a leitura nos proporcionou. Assim, oferecemos aos outros o que recebemos e, também, tiramos proveito daquilo que eles irão compartilhar conosco.

Tudo vai e volta! A cada tarefa de testemunho, sugerimos que você faça uma foto da capela, do seu ambiente orante, e use *#dizimoumanovaexperiencia*, que tem a ver com nosso modo de entender e viver o dízimo e que é o pensamento que desejamos renovar em nossas comunidades.

Seu testemunho ajudará muitas pessoas a não verem o dízimo como uma taxa ou como um consórcio para ganhar vantagens, mas como verdadeiro ato de louvor a Deus e entrega da nossa vida a ele. Viveremos juntos uma grande experiência e uma grande missão.

Esse testemunho será importante para muitas pessoas e comunidades. Além de representar uma alegria enorme a participação nessa renovação.

É o que convidamos você a viver como dizimista: dízimo, uma nova experiência.

#dizimoumanovaexperiencia

OS QUE ESTÃO CONOSCO SÃO MAIS NUMEROSOS

Nossa existência é uma rede de conexões sem fim. Vivemos conectados uns aos outros. Quando nascemos, dependemos de nossos pais para nos aquecer, alimentar, limpar, cuidar, e para tantas outras coisas.

Na vida adulta não é diferente, o que recebemos dos outros: seus pensamentos, sentimentos, ideias, costumes, também interfere em nossa vida. E tudo que fazemos, com a melhor ou a pior das intenções, somente tem relevância quando ressoa na vida das outras pessoas. Não existimos para nós mesmos, não vivemos para nós mesmos.

Nesse sentido, o dízimo é uma experiência dessa conexão imensa que abraça a todos nós. Ainda que se pense equivocadamente no dízimo apenas como oferta em dinheiro, ainda assim o dizimista é incapaz de saber todo o bem que se espalha através do seu dízimo.

O dízimo é ainda muito mais que isso, é um caminho de espiritualidade e de santificação.

Ele também sustenta tudo o que uma comunidade realiza. Sua paróquia fica aberta para acolher aqueles que vêm rezar? Sua paróquia celebra os sacramentos, desenvolve o trabalho das pastorais? Há uma imensidão de atividades que uma paróquia desenvolve e que é sustentada pelo dízimo fiel e generoso dos filhos de Deus.

Se pudéssemos ver com os olhos da fé, enxergaríamos inúmeras iniciativas evangelizadoras para ajudar as pessoas a conhecerem Jesus e se converterem a sua Palavra. Mas podemos pedir a Deus que nos auxilie a enxergar que aqueles que estão conosco em comunhão solidária no dízimo são mais numerosos do que os que estão contra nós.

Na história do povo de Israel, houve uma vez que o rei de Aram (cf. 2Rs 6,8-23) tentou prender o profeta Eliseu, fazendo durante a noite um cerco na cidade, com cavalos, carros e uma poderosa tropa.

O rei de Aram exagerou em sua atitude, pois, para prender um profeta *sozinho*, não precisava de tantos recursos...

Na manhã seguinte, quando o servo de Eliseu saiu de casa e viu todo aquele aparato que circundava a casa do profeta, ficou extremamente assustado, e, voltando-se ao profeta, exclamou: "Ai, meu senhor, como vamos fazer?".

E a resposta do profeta, que sabia que, por estar unido a Deus, não se encontrava sozinho, foi a seguinte: "Não tenhas medo, pois são mais numerosos os que estão conosco que os que estão com eles". E, depois de orar, o servo conseguiu ver todos aqueles que Deus tinha enviado para protegê-los. O rei de Aram nada pôde fazer contra o profeta nem contra o povo de Deus.

O dízimo nos traz essa experiência fantástica de sabermos que não estamos sozinhos. Ao mesmo tempo que apoiamos, somos também apoiados.

Ele é uma grande expressão de solidariedade entre os filhos de Deus.

Visita ao Santíssimo Sacramento

Esta será sua primeira visita ao Santíssimo Sacramento, com o início da leitura deste livro. Grande momento! O Senhor o espera!

Recordando o cerco que o rei de Aram fez contra Eliseu e seu povo, em sua visita ao Santíssimo Sacramento, peça ao Senhor o dom de ver toda a rede de solidariedade que existe para que o dízimo garanta a seu povo auxílio nas batalhas da vida.

Pense na sua pequena comunidade, unida à paróquia, unida à diocese, unida a todos os projetos pastorais dentro e fora da diocese, e, também, no mundo.

Agradeça a Deus por ter a oportunidade de fazer parte desse imenso exército de salvação e resgate do mundo.

Professe sua fé, recite o Creio, coloque-se como filho diante do amor do Pai. Renove sua alegria em pertencer à Igreja, em ser batizado e amigo de Jesus.

Louve a Deus pela formação dos padres e das freiras, dos agentes de pastorais e catequistas, dos missionários e missionárias.

Louve a Deus pelas comunidades, paróquias e evangelizadores que são mantidos graças ao dízimo fiel e generoso ofertado em todas as comunidades.

Louve a Deus por todos os dizimistas, nas suas mais variadas condições: enfermos, sadios, injustiçados, conquistando sonhos, jovens, idosos.

Louve a Deus por fazer parte dessa imensa rede de solidariedade que garante e sustenta a evangelização. Reze usando suas palavras. Conclua com as palavras de Eliseu: "Os que estão conosco são mais numerosos do que os que estão com eles...".

Testemunhar para renovar

Com suas palavras, registre uma frase ou ideia que mais chamou sua atenção neste capítulo.

_____

_____

_____

_____

_____

_____

_____

_____

_____

_____

_____

_____

_____

_____

_____

_____

_____

_____

Partilhe com os amigos as suas descobertas. Use *#dizimonovaexperiencia* e outras *hashtags* que desejar. Compartilhe a frase: "Os que estão conosco são mais numerosos do que os que estão com eles...".

DÍZIMO: ENTRE A LUTA
E AS PROMESSAS DE DEUS

Uma das passagens da Bíblia que nos permite conhecer a importância do dízimo como espiritualidade em nossas lutas está entre os capítulos 14 e 15 do livro do Gênesis. Os reis de Senaar, de Elasar, de Elam e de Goim, fizeram guerra contra a região onde morava Ló, parente de Abrão.[1] Os inimigos prenderam Ló e tomaram posse de todos os seus bens. Abraão e Ló já não moravam juntos e haviam tomado rumos diferentes.

Entretanto, Abraão não é indiferente aos problemas de seu povo, representado em Ló. E decide fazer guerra contra os reis inimigos.

Ao final, Abraão retorna da guerra vitorioso, com todos os que ele reuniu, recebe a bênção do sacerdote Melquisedec e dá a Deus o dízimo de tudo (cf. Gn 14,20).

Nesse ponto, o dízimo de Abraão é uma grande lição para nós: o dízimo não pode ser apenas uma oração dos desesperados, mas sim uma oração dos vitoriosos.

---

[1] Somente a partir de Gn 17,5 ele será chamado de Abraão.

Abraão, diante de sua vitória, lembra-se do Senhor e lhe oferece seu dízimo. Depois do relato do dízimo, segue-se a narração das promessas de Deus e da Aliança que ele faz com Abraão.

O que podemos pensar sobre isso? O que esse episódio nos ensina?

Em nossa vida, somos marcados por lutas e batalhas, e mal vencemos uma e outra já começa a despontar. Mas deveríamos aprender com Abraão que a primeira forma de comemorar nossas vitórias é oferecendo ao Senhor o dízimo dessas conquistas.

Muitos buscam crescer na espiritualidade e na oração somente nos momentos difíceis, mas nosso pai Abraão ensina-nos que na alegria das vitórias celebramos as bênçãos de Deus com nosso dízimo.

Além disso, conhecendo o coração de Abraão, Deus lhe manifesta sua promessa. Essa promessa será para ele uma certeza que o guiará nos momentos difíceis.

Com Abraão, aprendemos que o dízimo é louvor pelas alegrias e conquistas, e, também, que ele abre nosso coração para conhecer as promessas de Deus em nossa vida.

Será que muitas incertezas que nos acompanham não nascem justamente porque não sabemos ter Deus como nosso primeiro apoio, fonte e origem de toda força na luta?

Visita ao Santíssimo Sacramento

Chegou o momento de fazer uma nova visita ao Santíssimo Sacramento.

Essa visita tem algo de especial. Você é chamado a celebrar com Deus suas vitórias. Como Abraão, é o seu momento de colocar diante de Deus as alegrias das suas vitórias.

Pense por alguns instantes nas alegrias que fazem parte da sua vida: a própria vida, a saúde ou até mesmo a enfermidade, a força em se manter lutando. Pense ainda na sua família, nas coisas boas que você já viveu com ela. Pense nos seus trabalhos, compromissos e em tudo que faz parte do seu dia a dia.

Como o salmista (Sl 136/135), diga na presença do Senhor Jesus: "Celebrai o Senhor, porque ele é bom, porque o seu amor é para sempre!". E vá narrando os motivos pelos quais você louva o Senhor.

Ao encerrar sua oração na presença do Santíssimo Sacramento, peça a Deus a graça de sempre conhecer as promessas dele para sua vida. Que, em cada batalha, se renove em você a certeza de que ele está a seu lado.

Testemunhar para renovar

Assim como Abraão se importou com a desgraça na vida de Ló, não ficando indiferente, este é o momento de nos mostrarmos solidários com nossos amigos e familiares. Quantas pessoas estão passando por dificuldades, sentindo-se abandonadas e sem fé. Algumas até se sentem abandonadas por Deus. Poucas conhecem a força do louvor e agradecimento a Deus pela oração e pelo dízimo fiel. Mas você conhece, e Deus a cada dia vai confirmando sua fé.

Anote alguma ideia importante que este capítulo tenha lhe provocado, seja na leitura, seja no momento de visita ao Santíssimo Sacramento. O que marcou você?

Partilhe com os amigos suas descobertas. Faça uma foto do sacrário, convide seus amigos à oração. Use *#dizimonovaexperiencia* e outras *hashtags* que desejar. Compartilhe a frase: "Celebrai o Senhor, porque ele é bom, porque o seu amor é para sempre!".

COMO DEVE SER
O MEU DÍZIMO

Falar do dízimo é sempre um assunto espinhoso. No dia a dia, um padre sempre insiste em algumas coisas, como, por exemplo, na necessidade de rezar, de meditar a Palavra de Deus, de fazer uma boa confissão, de participar da missa, de não chegar atrasado na missa... E a lista vai ao infinito.

No entanto, quando um padre persiste em falar da importância do dízimo, parece que é o único assunto que ele prega...

É impossível alguém conhecer a Palavra de Deus e não entender a importância do dízimo. Mais do que isso, quem procura meditar a Palavra de Deus e seguir seus ensinamentos, sempre se torna um promotor da experiência do dízimo.

Dois textos são essenciais para entender como deve ser praticado o dízimo. O dízimo não tem a ver com quantidade, mas com a qualidade de nossa fé.

Em Deuteronômio 16,16-17 se diz assim: "Três vezes por ano todo homem deverá comparecer diante de Iahweh teu Deus, no lugar que ele houver escolhido: na festa dos Ázimos, na festa das Semanas e na festa das Tendas. E ninguém se apresente de mãos vazias diante de Iahweh; cada um traga seu dom conforme a bênção que Iahweh teu Deus te houver proporcionado".

Esse é um texto fundamental: o dízimo faz parte da experiência de ir ao encontro do Senhor. Quando vou ao encontro do Senhor, não posso ir de mãos vazias, mas devo levar a ele o dom conforme a bênção que ele me proporcionou.

Devo entregar meu dízimo conforme minha saúde e minha enfermidade, conforme meu emprego e meu desemprego, conforme minhas alegrias e tristezas. Mas não vou ao Senhor de mãos vazias.

Outro texto importantíssimo é 2 Coríntios 9,6-8: "Sabei que quem semeia pouco, pouco também colherá, e quem semeia com largueza, com largueza também colherá. Cada um dê como decidiu em seu coração, sem pena nem constrangimento, pois Deus ama quem dá com alegria. Deus pode cumular-vos de toda espécie de graças, para que tenhais sempre e em tudo o necessário e vos fique algo de excedente para toda boa obra".

Mais uma vez a ideia é muito clara: o seu dízimo não é como os outros acham que deve ser, mas como você decide no seu coração. O texto se refere à coleta para a cidade de Jerusalém, e São Paulo é muito claro: nas coisas da fé, se nos empenhamos pouco, alcançamos pouco, mas, se nos dedicamos com generosidade, é com abundância que vamos colher.

O dízimo, acima de tudo, deve ser dado com alegria, e não com constrangimento. Ninguém tem que ser dizimista por medo da opinião dos outros, mas sim porque sabe que faz parte da fé ofertar a Deus os frutos das nossas lutas e vitórias.

Visita ao Santíssimo Sacramento

Eis o momento de novamente visitar o Senhor no sacrário. Espero que isso já esteja virando um saudável costume, de forma que comece a sentir saudade de estar na presença do Senhor!

Quem imaginaria que um livro sobre dízimo pudesse nos levar para tão perto de Jesus sacramentado, não é mesmo?

Nesta visita, converse com Jesus sobre as bênçãos que ele tem manifestado em sua vida. Peça a graça de sempre poder ir ao seu encontro, de maneira que leve nas mãos as marcas das bênçãos de Deus.

Você pode também fazer um momento de intercessão, rezando por outras pessoas que sente que precisam de oração.

Reze com generosidade e, se possível, sem pressa. Quem reza com generosidade, com a generosidade de Deus é atendido.

Na sua intercessão, faça o seguinte pedido: "Senhor Jesus, há tantas pessoas que precisam de sua graça, e hoje quero pedir por elas. Desejo louvar pela alegria de estar aqui em sua presença, e rezo para que muitas outras pessoas possam viver essa mesma experiência de fé e alegria".

Testemunhar para renovar

Neste capítulo você descobriu o que há de mais essencial na experiência de ser dizimista: "Ser dizimista é colocar-se diante de Deus, apresentando a ele, em suas mãos, as bênçãos que recebeu, e confirmando que o dízimo é sinal da sua generosidade e esperança, conseguinte o que decidiu em seu coração".

Quantas pessoas vivem "patinando" na fé porque desconhecem os ensinamentos preciosos da Sagrada Escritura!

Anote alguma ideia importante que este capítulo lhe tenha provocado, seja na leitura, seja no momento da visita ao Santíssimo Sacramento. O que marcou você?

Partilhe com os amigos as suas descobertas. Faça uma foto do sacrário, e diga que esteve lá e intercedeu por todos. Use *#dizimonovaexperiencia* e outras *hashtags* que desejar. Compartilhe a frase: "Sabei que quem semeia pouco, pouco também colherá, e quem semeia com largueza, com largueza também colherá".

NOSSA SENHORA, MÃE DOS DIZIMISTAS

Ao passarmos do Antigo ao Novo Testamento, certamente devemos considerar a figura de Nossa Senhora em relação à partilha e ao dízimo. Mais do que oferecer o fruto de seu trabalho, ela ofereceu a Deus sua vida por inteiro. Podemos dizer que seu gesto de entrega a Deus, por fidelidade à sua Palavra, faz dela Mãe de todos os dizimistas e de todos que oferecem seus dons por causa de Jesus, seu Filho.

Ser capaz de louvar a Deus em todas as ocasiões, a ele entregar nossa vida e saber enfrentar as adversidades, são sinais de fé, comunhão e amizade com o Senhor. Isso encontramos de maneira exemplar em Nossa Senhora.

Partilhar o que tantos santos já ensinaram sobre Nossa Senhora, a partir de suas experiências, prolongaria muito este texto, por isso, vamos nos concentrar em três momentos fundamentais do Evangelho em que Nossa Senhora é considerada modelo de todo dizimista.

O *primeiro momento* é a anunciação (cf. Lc 1,26-38), quando o arcanjo Gabriel faz-lhe o anúncio do projeto de Deus: ser Mãe do Salvador. É um momento único, surpreendente, mas ela, cheia de fé, se entrega nas mãos de Deus. Talvez nem compreendesse muito, mas sabia que Deus não decepciona. Animada pelo anúncio do anjo, que lhe recorda que, para Deus, nada é impossível, a Virgem Maria se entrega, dizendo: "Eis aqui a serva do Senhor, faça-se em mim segundo a sua Palavra!".

Momentos semelhantes a esses se repetem frequentemente em nossa vida. Você também já deve ter passado por situações em que era necessário acreditar ou se desesperar. E acreditou! E viu que, pela fé, para Deus nada é impossível. Aquele problema, que parecia insolúvel, foi aos poucos sendo vencido.

O *segundo momento* em que Nossa Senhora é considerada modelo de entrega e confiança a Deus, portanto, modelo de toda a espiritualidade do dízimo, é quando ela interfere naquela situação de aflição no casamento em Caná da Galileia (cf. Jo 2,1-12): que será da alegria dos noivos, se lhes vier a faltar o vinho?

A espiritualidade do dízimo é sempre uma espiritualidade de solidariedade, no sentido de vivenciar o problema do outro como se fosse seu, como Abraão fez, ao entrar na luta pelo seu parente Ló.

Deveríamos escrever em papel e todos os dias reler o que Nossa Senhora disse: "Fazei tudo o que ele vos disser!". É o ensinamento mais importante para qualquer cristão, para qualquer dizimista: nossa vida deve corresponder ao ensinamento do Senhor. Se vivermos como ele nos pede, nossa vida correrá de forma mais harmoniosa com o seu projeto. Quanto sofrimento vivemos e causamos, quando nos esquecemos disso...

O *terceiro momento*, talvez o mais profundo, é o momento em que Jesus é crucificado, tendo sua Mãe aos seus pés (cf. Jo 19,25-27). João, o Evangelista, deixa registrado para todas as gerações que a Mãe do Senhor não se encontrava diante da cruz desesperada, mas *permanecia de pé*!

Esse momento tem relação com os anteriores: "para Deus, nada é impossível" e "fazer tudo o que ele nos pedir". Quem poderá permanecer de pé, se não for sustentado por Deus? Em Nossa Senhora, o dizimista encontra o modelo mais exemplar de como oferecer a Deus sua vida e deixar que ele o conduza e ampare.

Nela vemos o exemplo de fé que todo dizimista deve alcançar: fé não apenas em ocasiões de alegrias e em momentos de festa, mas, principalmente, nos momentos de provação, quando parece que os inimigos estão vencendo. Nela vemos a esperança daqueles que vivem em Deus a experiência do louvor e da entrega.

Com ela, aprendemos a oferecer Jesus, que está em nós, que é nosso companheiro. Aprendemos a oferecer tudo ao Pai, especialmente seu Filho, cheio de amor por nós.

Ser devoto de Nossa Senhora é o primeiro passo para compreender a força da espiritualidade que brota do dízimo.

Nela louvor e entrega são partes da mesma experiência de fé em Deus.

Visita ao Santíssimo Sacramento

Esta é uma visita muito especial, em que você vai conversar com Jesus através das palavras e do silêncio de Nossa Senhora.

Se você não está muito acostumado a chamar Nossa Senhora de mãe e a pedir seu carinho, esta será uma experiência ainda mais especial. Sim, Nossa Senhora é nossa Mãe, cheia de amor e de ternura. Comece dizendo a ela: "Mãezinha do céu, estou aqui! Quero conversar com seu Filho, Jesus Cristo. Ensina-me a crer que, para Deus, nada é impossível e me ajuda a ser servo da sua Palavra, para que seja feito tudo como ele quer e para que eu faça tudo o que me pede".

Acrescente pedidos e intercessões, da forma como lhe parecer melhor. Relembre tudo que foi lido, rezado e pensado até aqui.

Peça a Nossa Senhora a graça de crescer na experiência do dízimo como grande louvor e entrega a Deus. E, também, que ela sempre esteja com você nos momentos de agonia, de aflições, ajudando-o a manter a serenidade, quando as dificuldades da vida quiserem fazê-lo duvidar das coisas mais certas e verdadeiras: a graça, a misericórdia e a salvação.

Conclua pedindo a ela a graça de sempre estar a serviço da Palavra de Deus e de experimentar que, para Deus, nada é impossível. Que sua vida seja um grande testemunho da força de Deus.

Testemunhar para renovar

Este capítulo talvez tenha sido o mais prazeroso de todos. Pensar na Mãe de Jesus, no seu louvor e na sua entrega a Deus, sempre traz muita consolação para nossa alma.

Anote alguma ideia importante que este capítulo lhe tenha provocado, seja na leitura, seja no momento de visita ao Santíssimo Sacramento. O que marcou você? Como foi a experiência de rezar, a partir das palavras e do silêncio de Nossa Senhora?

Partilhe com os amigos suas descobertas. Faça uma foto do sacrário, convide seus amigos à oração. Use *#dizimonovaexperiencia* e outras *hashtags* que desejar. Compartilhe a frase: "Porque, para Deus, nada é impossível".

O DÍZIMO E AS BÊNÇÃOS DE DEUS

Uma das passagens que nunca podemos esquecer, se quisermos que nosso dízimo seja uma experiência de louvor e de entrega a Deus, é aquela em que o profeta Malaquias nos traz um ensinamento (cf. Ml 3,6-12). O povo reclamava porque parecia que Deus não se importava com o que lhe acontecia. As pessoas se sentiam abandonadas e negligenciadas por ele.

Muitos de nós somos assim, afastamo-nos das pessoas e dizemos que elas não se importam conosco. O mesmo acontece com relação a Deus, nós nos distanciamos e dizemos que ele não escuta nossas orações.

Diante das reclamações do povo, Deus lhes fala através do profeta: "Sim, eu, Iahweh, não mudei, e vós não deixastes de ser filhos de Jacó. [...] E dizeis: Em que te enganamos, Senhor? Em relação ao dízimo e à contribuição. [...] Trazei o dízimo integral para o Tesouro do Templo, a fim de que haja alimento em minha casa. Provai-me com isto para ver se eu não abrirei as janelas do céu e derramarei sobre vós as bênçãos em abundância".

Não era Deus que negligenciava seu povo, e sim o povo que negligenciava os cuidados com a casa de Deus, isto é, o Templo, o lugar onde todos se encontravam para rezar.

Às vezes, não é necessário muito esforço para pensar no lado prático do dízimo. Além do lado espiritual, que estamos aprofundando como experiência de louvor e entrega a Deus, o dízimo é o que garante condições de trabalho e de existência de toda a comunidade, de toda a Igreja.

Pense, por exemplo, na comunidade que você frequenta, na igreja em que entra para rezar ou onde leva seu filho para fazer catequese. Os custos para manter o local são muitos, como água (água que se usa na limpeza, nos banheiros, e também para beber), energia elétrica (para as lâmpadas, os ventiladores, os aparelhos da secretaria, entre outros), itens de limpeza, manutenção, papelaria...

Além do funcionamento do prédio, do pagamento de funcionários e prestadores de serviço, há os gastos com o sacerdote, com os sacerdotes idosos, bem como com a manutenção das iniciativas e trabalhos pastorais e de evangelização; há ainda os custos com todos os trabalhos sociais e caritativos da paróquia, e, ainda, com a formação dos seminaristas, das freiras, dos missionários.

E, se sua paróquia tem comunidades, é bem possível que haja entre elas algumas que não conseguem manter-se financeiramente, precisando de apoio da igreja matriz. Além disso, todas as paróquias estão unidas à diocese e, juntas, sustentam as iniciativas pastorais que vão além do território da paróquia e até mesmo além do território da própria diocese, quando se pensa nas missões no exterior.

Há missões fora do nosso país, e somos responsáveis por mantê-las também. O que cada um oferece como dízimo sustenta toda a evangelização. Algumas vezes, pessoas se ressentem de não poderem envolver-se diretamente com os trabalhos pastorais e evangelizadores, mas nós sempre afirmamos: *quem sustenta a evangelização também é evangelizador!*

O dízimo não é usado apenas para comprar hóstias, velas e flores... Por meio dele, garante-se que não falte o alimento na casa de Deus, isto é, tudo aquilo que desperta, alimenta e fortalece a fé do povo de Deus.

Não sejamos como o povo que reclamava ao profeta Malaquias: Deus se esqueceu de nós. Quando, na verdade, eram as pessoas que se haviam esquecido da casa de Deus.

Por isso, cada vez que ofertar seu dízimo, viva esse instante como um momento em que você cuida da casa de Deus, em que está unido a toda a Igreja em sua missão. Os que estão conosco são mais numerosos...

Visita ao Santíssimo Sacramento

Este é o último roteiro para a visita ao Santíssimo Sacramento. A partir de agora, você já sabe o quanto é bom fazer isso e já tem em seu coração um *roteiro básico*: ir à capela do

Santíssimo, colocar-se na presença de Deus, ler ou meditar um versículo ou uma passagem bíblica e apresentar sua vida. Disso tudo, nasce o louvor e o propósito de sempre entregar sua vida a Deus.

Hoje você é chamado a louvar a Deus, porque o seu dízimo é uma bênção, não somente para você, mas para muitas outras pessoas.

Comece refletindo sobre a comunidade que frequenta e onde alimenta sua fé. Graças a seu dízimo, ela é mantida. Pense em quantas pessoas entram, participam e ali alimentam sua fé, encontrando forças e esperança nos momentos de dificuldade, medo e em meio a decepções. *Louve a Deus porque você não deixa faltar o alimento na casa dele!*

Reze por todos os trabalhos evangelizadores que acontecem em sua comunidade, em sua paróquia, em sua diocese, tanto no Brasil quanto no mundo! Louve a Deus porque seu dízimo sustenta a evangelização, sustenta o anúncio do Evangelho em toda parte. Pense em quantas pessoas recebem esse anúncio, graças aos sacerdotes, missionários, freiras, catequistas, animadores de comunidade: seu dízimo sustenta a vida missionária. *Louve a Deus porque você não deixa faltar o alimento na casa dele.*

Quando rezamos desse jeito, descobrimos algo fundamental: não existe dízimo maior ou menor nem muito ou pouco, essas categorias não servem para descrevê-lo. *O dízimo é fiel ou infiel, qualquer outro pensamento é bobagem!*

Louve a Deus porque você é um dizimista fiel e não deixa faltar o alimento na casa dele.

Conclua sua oração renovando sua entrega a Deus. Hoje é recomendável que recite novamente o Creio, como no primeiro dia.

O que modificou na sua fé nesses dias em que viveu o dízimo como nova experiência? Agradeça a Deus por este novo modo de ser dizimista.

Testemunhar para renovar

Este capítulo tem gosto de final de festa e certamente algumas coisas ficam no coração da gente. A primeira é: *Por que não se fala do dízimo como algo que nos aproxima de Deus, como um itinerário de crescimento na fé?* As coisas mais essenciais, só a maturidade nos traz. Da mesma forma como demoramos para entender que as ordens dos nossos pais eram sinais de amor. Assim também, muitas vezes, pensamos no dízimo como um mandamento da Igreja. É, sim, um mandamento, mas um mandamento de amor...

A segunda coisa que fica no coração é *a alegria por termos tido mais tempo com Jesus sacramentado.*

É curioso um livro que fala do tema dízimo insistir tanto na adoração ao Santíssimo Sacramento. Mas esta é uma convicção que, como padre, carrego há muitos anos.

Uma pastoral do dízimo, para ser forte, tem que ser evangelizadora, senão acabamos transformando o louvor e a entrega em cobrança e sentimento de exclusão.

Nesta última tarefa de dar seu testemunho, conte-nos: O que marcou você? Como foi a experiência de viver essa proposta do dízimo como louvor e entrega a Deus?

Partilhe com os amigos suas descobertas. Faça uma foto do sacrário, convide seus amigos à oração. Use *#dizimonovaexperiencia* e outras *hashtags* que desejar. Escolha uma frase deste livro que tenha sido importante para você e compartilhe.

O DIA DO DÍZIMO, UM DIA ESPECIAL

Neste capítulo, queremos deixar para você uma espécie de roteiro espiritual para quando for ofertar o dízimo. Como nova experiência, a entrega do dízimo não pode ser vivida como se fosse o dia de pagar uma conta de luz ou um boleto. É um grande dia, de louvor, de renovação da fé, de agradecimento e de entrega da sua vida a Deus. *Viva o dia do seu dízimo como um dia especial!*

Como você vive o dia de entregar seu dízimo? É um gesto corriqueiro? Ou é um dia especial?

Para o dízimo ser uma nova experiência, uma experiência de louvor e entrega, temos que aprender a fazer desse dia algo realmente especial.

Nesse dia, deve-se renovar esta certeza: você está unido a uma grande multidão de homens e mulheres de fé. *Os que estão conosco são mais numerosos do que os que estão contra nós!* É dia de olhar a vida com coragem.

O dia de ofertar o dízimo deve fazer você recordar a vitória de Abraão, que não abandonou seu parente Ló. É o dia de lembrar das suas vitórias! *É o dia de louvar a Deus, porque ele lhe dá condições de oferecer a ele sua oração em forma de dízimo.*

No seu dízimo estão simbolizadas todas as bênçãos de Deus em sua vida. Nele você manifesta a sua generosidade, a sua esperança. O dia de entregar o dízimo não pode ser visto como algo corriqueiro: *você é abençoado por Deus e vive essa graça como um grande dom!*

Como Maria, seu dízimo é sinal de que Deus realiza o impossível, de que nunca vai deixar faltar o vinho da alegria e, por isso, você procura fazer tudo o que ele lhe pede. *Graças à experiência do dízimo como louvor e entrega a Deus, você tem conseguido ficar de pé diante das cruzes mais assustadoras.*

Faça desse dia um dia especial, de alegria, de louvor, de lembrança das graças de Deus em sua vida. Se possível, em uma das refeições com a família, testemunhe sua alegria de ser dizimista. O testemunho em família é ainda mais importante.

TERÇO PELOS DIZIMISTAS

Incentivamos que se realize um encontro periódico para a oração do terço (presencial ou *on-line*). Usa-se um roteiro comum, mas o importante é ambientar o momento da oração, seja com símbolos, seja com intenções que envolvam a vida de cada dizimista: emprego, desemprego, saúde, enfermidade, alegrias, tristezas.

Não vale a pena reunir as pessoas para rezar de uma forma que poderiam fazê-lo sozinhas. Oração em comunidade sempre deve trazer um sabor de oração em família. Evitemos o anonimato, a rotina e a massificação.

Apresentamos alguns textos bíblicos que podem ser refletidos no início ou no final da oração do terço, para ajudar nossos dizimistas a aprofundar as razões corretas para oferecer o dízimo.

Texto 1: O homem criado à imagem e semelhança de Deus

"Deus disse: 'Façamos o homem à nossa imagem, como nossa semelhança, e que eles dominem sobre os peixes do mar, as aves do céu, os animais domésticos, todas as feras e todos os répteis que rastejam sobre a terra'. Deus criou o homem à sua imagem, à imagem de Deus ele o criou, homem e mulher os criou" (Gn 1,26-27).

Peçamos a Deus a graça de perseverar na fé e no amor a ele.

Texto 2: A alegria da fé vivida no dia a dia da família

"Felizes todos os que temem a Iahweh e andam em seus caminhos! Do trabalho de tuas mãos comerás, tranquilo e feliz: tua esposa será vinha frutuosa, no coração da tua casa; teus filhos, rebentos de oliveira, ao redor de tua mesa. Assim vai ser abençoado todo homem que teme a Iahweh" (Sl 128/127,1-4).

Peçamos a Deus a graça de trabalhar para que o mundo corresponda cada vez mais ao seu projeto de amor.

Texto 3: A comunhão e a partilha da comunidade

"A multidão dos que haviam crido era um só coração e uma só alma. Ninguém considerava exclusivamente seu o que possuía, mas tudo entre eles era comum. (...) Não havia entre eles necessitado algum. De fato, os que possuíam terrenos ou casas, vendendo-os, traziam os valores das vendas e os dispunham aos pés dos apóstolos. Distribuía-se, então, a cada um, segundo sua necessidade" (At 4,32.34-35).

Peçamos a graça de sermos cada vez mais um só coração e uma só alma.

Texto 4: Deus renova a força de seus filhos

"Ele dá força ao cansado, prodigaliza vigor ao enfraquecido. Mesmo os jovens se cansam e se esgotam; até os moços vivem a tropeçar, mas os que põem a sua esperança em Iahweh renovam as suas forças, abrem asas como águias, correm e não se esgotam, caminham e não se cansam" (Is 40,29-31).

Peçamos a graça de sempre viver e testemunhar essa experiência de louvor e entrega a Deus.

Rua Dona Inácia Uchoa, 62
04110-020 – São Paulo – SP (Brasil)
Tel.: (11) 2125-3500
paulinas.com.br – editora@paulinas.com.br
Telemarketing e SAC: 0800-7010081